# LAS SIETE LEYES ESPIRITUALES DEL ÉXITO

## GUÍA PRÁCTICA PARA LA REALIZACIÓN DE LOS SUEÑOS

## DEEPAK CHOPRA

Traducción
**Adriana de Hassan**

GRUPO
EDITORIAL
norma

http://www.norma.com

Barcelona, Bogotá, Buenos Aires, Caracas,
Guatemala, Lima, México, Miami, Panamá, Quito, SanJosé,
San Juan, San Salvador, Santiago de Chile

Edición original en inglés:
THE SEVEN SPIRITUAL LAWS OF SUCCESS
de Deepak Chopra

Edición original 1994 de
New World Library y Amber Allen Publishing,
San Rafael, California, USA.
Copyright © 1994 por Deepak Chopra.

Impreso por Cargraphics S.A. - Impresión Digital
Impreso enColombia - Printed in Colombia

Dirección editorial, María del Mar Ravassa G.
Edición, armando Bernal y Patricia Torres
Dirección de arte, María Clara Salazar y Julio Vanoy

La cubierta de este libro ha sido tomada de la edicion
original en inglés, diseñada por Greg Wittrock, y la
ilustración es un detalle de asavari Ragini, c. 1625

Este libro se compuso en caracteres Goudy

ISBN: 958-04-3169-8

Tú eres lo que es el profundo deseo que te impulsa.

Tal como es tu deseo es tu voluntad.

Tal como es tu voluntad son tus actos.

Tal como son tus actos es tu destino.

*— Brihadaranyaka Upanishad IV.4.5*

# CONTENIDO

# Introducción

Aunque el título de este libro es *Las siete leyes espirituales del éxito*, bien podría ser *Las siete leyes espirituales de la vida*, porque son los mismos principios que la naturaleza emplea para crear todo lo que existe en forma material — todo lo que podemos ver, oír, oler, degustar o tocar.

En *Creating Affluence: Wealth Consciousness in the Field of All Possibilities*, describí los pasos para llegar a la consciencia de la riqueza sobre la base de una verdadera comprensión de la manera como funciona la naturaleza. *Las siete leyes espirituales del éxito* constituyen la esencia de esa enseñanza. Cuando este conocimiento se incorpore en nuestra consciencia, tendremos la capacidad de crear una abundancia ilimitada sin esfuerzo alguno, y de experimentar el éxito en todo lo que nos propongamos.

El éxito en la vida podría definirse como el crecimiento continuo de la felicidad y la realización progresiva de unas metas dignas. El éxito es la capacidad de convertir en realidad los deseos fácilmente. No obstante, el éxito, incluyendo la creación de la riqueza, siempre se ha percibido como un proceso que requiere mucho esfuerzo, y que muchas veces se logra a expensas de los demás. Necesitamos acercarnos de una manera más espiritual al éxito y a la riqueza, que no es otra cosa que el flujo abundante de todas las cosas buenas hacia nosotros. Conociendo y practicando las leyes espirituales, entraremos en armonía con la naturaleza para crear con espontaneidad, alegría y amor.

El éxito tiene muchos aspectos, y la riqueza material es solamente uno de sus componentes. Además, el éxito es una travesía, no un destino en sí. Sucede que la abundancia material, en todas sus manifestaciones, es una de las cosas que nos permite disfrutar más la travesía. Pero el éxito también se compone de salud, energía, entusiasmo por la vida, realización en las relaciones con los demás, libertad creativa, estabilidad emocional y psicológica, sensación de bienestar y paz.

Pero ni siquiera experimentando todas estas cosas podremos realizarnos, a menos que cultivemos la semilla de la divinidad que llevamos adentro. En realidad, somos la divinidad disfrazada, y el espíritu divino que vive dentro de nosotros en un estado embrionario busca materializarse plenamente. Por tanto, el éxito verdadero consiste en experimentar lo milagroso. Es el despliegue de la divinidad dentro de nosotros. Es percibir la divinidad en cualquier lugar a donde vayamos, en cualquier cosa que veamos: en los ojos de un niño, en la belleza de una flor, en el vuelo de un pájaro. Cuando comencemos a vivir la vida como la expresión milagrosa de la divinidad — no de vez en cuando sino en todo momento — comprenderemos el verdadero significado del éxito.

Antes de definir las *siete leyes espirituales*, es preciso comprender el concepto de ley. Una ley es el proceso por el cual se manifiesta lo que no se ha manifestado; es el proceso por el cual el observador se convierte en el observado; es el proceso por el cual el que contempla se convierte en paisaje; es el proceso a través del cual el que sueña proyecta el sueño.

Toda la creación, todo lo que existe en el mundo físico, es el producto de la transformación de lo inmanifiesto en manifiesto. Todo lo que contemplamos viene de lo desconocido. Nuestro cuerpo, el universo físico — todo lo que podemos percibir por medio de los sentidos — es la transformación de lo inmanifiesto, lo desconocido e invisible en lo manifiesto, lo conocido y lo visible.

El universo físico no es otra cosa que el yo plegado sobre sí mismo para experimentarse como espíritu, mente y materia física. En otras palabras, todos los procesos de la creación son procesos por medio de los cuales el yo o la divinidad se expresa. La consciencia en movimiento se manifiesta a través de los objetos del universo, en medio de la danza eterna de la vida.

La fuente de toda creación es la divinidad (o el espíritu); el proceso de creación es la divinidad en movimiento (o la mente); y el objeto de la creación es el universo físico (del cual forma parte nuestro cuerpo). Estos tres componentes de la realidad — espíritu, mente y cuerpo, u observador, proceso de observación y observado — son básicamente la misma cosa. Todos provienen del mismo sitio: el campo de la potencialidad pura, puramente inmanifiesto.

Las leyes físicas del universo representan en realidad todo este proceso de la divinidad en movimiento o de la consciencia en acción. Cuando comprendemos estas leyes y las aplicamos en nuestra vida, todo lo que deseamos puede ser creado, porque las mismas leyes en que se basa la naturaleza para crear un bosque, o una galaxia, o una estrella o un cuerpo humano, pueden convertir en realidad nuestros deseos más profundos.

Ahora veamos las *siete leyes espirituales del éxito* y la manera de aplicarlas en nuestra vida.

# — 1 —

# LA LEY DE LA POTENCIALIDAD PURA

*La fuente de toda creación es la consciencia pura…
la potencialidad pura que busca expresarse para
pasar de lo inmanifiesto a lo manifiesto.*

*Y cuando nos damos cuenta de que nuestro
verdadero yo es la potencialidad pura, nos
alineamos con el poder que lo expresa
todo en el universo.*

*En el principio*
*no había existencia ni inexistencia;*
*todo este mundo era energía sin manifestarse.*

*El Ser Único respiraba, sin respiración,*
*por su propio poder.*
*Nada más existía...*
— Himno de la Creación, *Rig Veda*

La primera ley espiritual del éxito es la *ley de la potencialidad pura*. Se basa en el hecho de que, en nuestro estado esencial, somos consciencia pura. La consciencia pura es potencialidad pura es el campo de todas las posibilidades y de la creatividad infinita. La consciencia pura es nuestra esencia espiritual. Siendo infinita e ilimitada, también es felicidad pura. Otros atributos de la consciencia son el conocimiento puro, el silencio infinito, el equilibrio perfecto, la invencibilidad, la simplicidad y la dicha. Ésa es nuestra naturaleza esencial; una naturaleza de potencialidad pura.

Cuando descubrimos nuestra naturaleza esencial y sabemos quién somos realmente, ese solo conocimiento encierra la capacidad de convertir en realidad todos nuestros sueños, porque somos la posibilidad eterna, el potencial inconmensurable de todo lo que fue, es y será. La *ley de la potencialidad pura* también podría denominarse *ley de la unidad*, porque sustentando la infinita diversidad de la vida está la unidad de un solo espíritu omnipresente. No existe separación entre nosotros y ese campo de energía. El campo de la potencialidad pura es nuestro propio yo. Y cuanto más desarrollemos nuestra propia naturaleza, más cerca estaremos de ese campo de potencialidad pura.

Vivir de acuerdo con nuestro yo, en una constante auto-referencia, significa que nuestro punto interno de referencia es nuestro propio espíritu, y no los objetos de nuestra experiencia. Lo contrario de la auto-referencia es la referencia al objeto. Cuando vivimos según la referencia al objeto, estamos siempre influidos por las cosas que están fuera de nuestro yo; entre ellas están las situaciones en las que nos involucramos, nuestras circunstancias, y las personas y las cosas que nos rodean. Cuando vivimos según la referencia al objeto, buscamos constantemente la aprobación de los demás. Nuestros pensamientos y comportamientos esperan constantemente una respuesta. Nuestra vida, por tanto, se basa en el temor.

Cuando vivimos según la referencia al objeto, también sentimos una intensa necesidad de controlarlo todo. Sentimos intensa necesidad de tener poder externo. La necesidad de aprobación, la necesidad de controlar las cosas y de tener poder externo se basan en el temor. Esta forma de poder no es el de la potencialidad pura, ni el poder del yo, o poder real. Cuando experimentamos el poder del yo no hay temor, no hay necesidad de controlar, y no hay lucha por la aprobación o por el poder externo.

Cuando vivimos según la referencia al objeto, el punto de referencia interno es el ego. Sin embargo, el ego no es lo que realmente somos. El ego es nuestra autoimagen, nuestra máscara social; es el papel que estamos desempeñando. A la máscara social le gusta la aprobación; quiere controlar, y se apoya en el poder porque vive en el temor.

Nuestro verdadero yo, que es nuestro espíritu, nuestra alma, está completamente libre de esas cosas. Es inmune a la crítica, no le teme a ningún desafío y no se siente inferior a nadie. Y, sin embargo, es humilde y no se siente superior a nadie, porque es consciente de que todos los demás son el mismo yo, el mismo espíritu con distintos disfraces.

Ésa es la diferencia esencial entre la referencia al objeto y la auto-referencia. En la auto-referencia, experimentamos nuestro verdadero ser, el cual no les teme a los desafíos, respeta a todo el mundo y no se siente inferior a nadie. Por tanto, el poder del yo es el verdadero poder.

El poder basado en la referencia al objeto, en cambio, es falso. Siendo un poder que se basa en el ego, existe únicamente mientras exista el objeto de referencia. Si uno tiene cierto título — si es el presidente del país o el presidente de la junta directiva de una corporación — o si tiene muchísimo dinero, el poder de que disfruta está ligado al título, al cargo o al dinero. El poder basado en el ego dura solamente lo que duran esas cosas. Apenas desaparezcan el título, el cargo y el dinero, desaparecerá el poder.

Por otra parte, el poder del yo es permanente porque se basa en el conocimiento del yo, y este poder tiene ciertas características: Atrae la gente hacia nosotros y también atrae las cosas que deseamos. Él magnetiza a las personas, las situaciones y las circunstancias en apoyo de nuestros deseos. Esto es lo que se conoce también como apoyo de las leyes de la naturaleza. Es el apoyo de la divinidad; es el apoyo que se deriva de estar en un estado de gracia. Este poder es tal que disfrutamos de un vínculo con la gente y la gente disfruta de un vínculo con nosotros. Es el poder de establecer lazos — lazos que emanan del verdadero amor.

¿Cómo podemos aplicar la *ley de la potenciali-dad pura*, el campo de todas las posibilidades, en nuestra vida? Si queremos disfrutar de los benefi-cios del campo de la potencialidad pura, si quere-mos utilizar plenamente la creatividad inherente a la consciencia pura, debemos tener acceso a ella. Una manera de tener acceso al campo de la po-tencialidad pura es por medio de la práctica dia-ria del silencio, de la meditación y del hábito de no juzgar. Pasar algún tiempo en contacto con la naturaleza también nos brinda acceso a las cuali-dades inherentes al campo: creatividad infinita, libertad y felicidad.

Practicar el silencio significa comprometernos a destinar cierta cantidad de tiempo sencillamente a ser. Tener la experiencia del silencio significa renunciar periódicamente a la actividad de ha-blar. También significa renunciar periódicamen-te a actividades tales como ver televisión, escuchar radio, o leer. Si nunca nos damos la oportunidad de experimentar el silencio, esto crea una turbu-lencia en nuestro diálogo interno.

Destinemos un corto tiempo de vez en cuando a experimentar el silencio. O sencillamente comprometámonos a hacer silencio durante un determinado tiempo todos los días. Podrían ser dos horas, o si eso nos parece mucho, hagámoslo durante una hora. Y de vez en cuando dediquemos un período largo a experimentar el silencio, por ejemplo todo el día, o dos días, o hasta una semana.

¿Qué sucede cuando entramos en esta experiencia del silencio? En un principio, nuestro diálogo interno se vuelve todavía más turbulento. Sentimos la necesidad apremiante de decir cosas. He conocido personas que llegan a la desesperación total el primer o el segundo día que se consagran a guardar silencio durante un período prolongado. Súbitamente los invade una sensación de urgencia y de ansiedad. Pero a medida que perseveran en la experiencia, su diálogo interno comienza a callar. Y al poco tiempo, el silencio se vuelve profundo. Esto se debe a que después de cierto tiempo, la mente se da por vencida; se da cuenta de que no tiene sentido insistir e insistir si el yo — el espíritu, el que decide — no desea hablar, y punto. Luego, cuando calla el diálogo interior, empezamos a experimentar la quietud del campo de la potencialidad pura.

Practicar el silencio periódicamente, en el momento que más nos acomode, es una manera de experimentar la *ley de la potencialidad pura*. Otra manera es dedicar un tiempo todos los días a la meditación. Lo ideal es meditar por lo menos durante treinta minutos por la mañana y treinta minutos por la noche. Por medio de la meditación aprenderemos a experimentar el campo del silencio puro y la consciencia pura. En ese campo del silencio puro está el campo de la correlación infinita, el campo del poder organizador infinito, el terreno último de la creación donde todo está conectado inseparablemente con todo lo demás.

En la quinta ley espiritual, la *ley de la intención y el deseo*, aprenderemos la manera de introducir un leve impulso de intención en este campo para que la realización de nuestros deseos tenga lugar espontáneamente. Pero primero debemos tener la experiencia de la quietud. La quietud es el primer requisito para manifestar nuestros deseos, porque en la quietud reside nuestra conexión con el campo de la potencialidad pura, el cual puede organizar una infinidad de detalles para nosotros.

Imaginemos que lanzamos una piedra pequeña en un pozo de agua y observamos las ondas que se forman. Al rato, cuando las ondas desaparezcan y el agua quede quieta, quizás lancemos otra piedra. Eso es exactamente lo que hacemos cuando entramos en el campo del silencio puro e introducimos nuestra intención. En ese silencio, hasta la menor intención avanzará formando ondas por el terreno subyacente de la consciencia universal, el cual conecta todo con todo lo demás. Pero si no experimentamos la quietud de la consciencia, si nuestra mente es como un océano turbulento, podríamos lanzar en él todo el edificio Empire State sin ver efecto alguno. La Biblia dice: "Calla, y sabrás que soy Dios". Esto es algo que sólo se puede lograr a través de la meditación.

Otra manera de entrar en el campo de la potencialidad pura es por medio de la práctica del hábito de no juzgar. Juzgar es evaluar constantemente las cosas para clasificarlas como correctas o incorrectas, buenas o malas. Cuando estamos constantemente evaluando, clasificando, rotulando y analizando, creamos mucha turbulencia en nuestro diálogo interno. Esa turbulencia frena la energía que fluye entre nosotros y el campo de la potencialidad pura. Literalmente, comprimimos el espacio entre un pensamiento y otro.

Ese espacio es nuestra conexión con el campo de la potencialidad pura. Es el estado de consciencia pura, el espacio silencioso entre los pensamientos, la quietud interior que nos conecta con el poder verdadero. Y cuando comprimimos el espacio, reducimos nuestra conexión con el campo de la potencialidad pura y la creatividad infinita.

En *Un curso de milagros* hay una oración que dice: "Hoy no juzgaré nada de lo que suceda". El hábito de no juzgar crea silencio en la mente. Por tanto, es buena idea comenzar el día con esa afirmación. Y durante todo el día, recordémosla cada vez que nos sorprendamos juzgando. Si nos parece muy difícil practicar este procedimiento durante todo el día, entonces sencillamente digámonos: "No juzgaré nada durante las próximas dos horas" o "Durante la próxima hora, pondré en práctica el hábito de no formar juicios". Después podremos ampliar gradualmente el tiempo.

Por medio del silencio, de la meditación y del hábito de no juzgar, tendremos acceso a la primera ley, la *ley de la potencialidad pura*. Una vez que logremos este acceso, podremos agregar un cuarto componente a esta práctica: pasar regularmente un tiempo en contacto directo con la naturaleza. Pasar un tiempo con la naturaleza nos permitirá sentir la interacción armoniosa de todos los elementos y las fuerzas de la vida, y experimentar un sentimiento de unidad con todas las cosas de la vida. Trátese de un arroyo, un bosque, una montaña, un lago o del mar, esa conexión con la inteligencia de la naturaleza también nos ayudará a lograr el acceso al campo de la potencialidad pura.

Debemos aprender a ponernos en contacto con la esencia más íntima de nuestro ser. Esa verdadera esencia está más allá del ego. No teme; es libre; es inmune a la crítica; no retrocede ante ningún desafío. No es inferior ni superior a nadie, y está llena de magia, misterio y encanto.

El acceso a nuestra esencia verdadera también nos permitirá mirarnos en el espejo de las relaciones interpersonales, porque toda relación es un reflejo de la relación que tenemos con nosotros mismos. Si, por ejemplo, nos sentimos culpables, temerosos o inseguros con respecto al dinero, al éxito o a cualquier otra cosa, estos sentimientos serán el reflejo de la culpabilidad, la inseguridad y el temor básicos de nuestra personalidad. No existe en el mundo ningún dinero o éxito que pueda resolver estos problemas básicos de la existencia; solamente la intimidad con el yo podrá hacer surgir la verdadera cura. Y cuando estemos bien afianzados en el conocimiento de nuestro verdadero yo — cuando realmente comprendamos su verdadera naturaleza — jamás nos sentiremos culpables, temerosos o inseguros acerca del dinero, o de la abundancia, o de la realización de nuestros deseos, porque comprenderemos que la esencia de toda riqueza material es la energía vital, la potencialidad pura; y la potencialidad pura es nuestra naturaleza intrínseca.

A medida que logremos más y más acceso a nuestra verdadera naturaleza, también iremos teniendo espontáneamente pensamientos creativos, porque el campo de la potencialidad pura es también el de la creatividad infinita y el del conocimiento puro. Franz Kafka, el poeta y filósofo austriaco, dijo alguna vez: "No hay necesidad de salir de la habitación. Basta con sentarse a la mesa y escuchar. Ni siquiera es necesario escuchar, sólo esperar. Ni siquiera hay que esperar, sólo aprender a estar en silencio, quieto y solitario. El mundo se te ofrecerá libremente para ser descubierto. Él no tiene otra alternativa; caerá en éxtasis a tus pies".

La abundancia del universo — la espléndida exhibición y riqueza del universo — es una expresión de la mente creativa de la naturaleza. Cuanto más sintonizados estemos con la mente de la naturaleza, mayor acceso tendremos a su creatividad infinita e ilimitada. Pero primero debemos dejar atrás la turbulencia de nuestro diálogo interno, a fin de poder conectarnos con esa mente rica, abundante, infinita y creativa. Y entonces crearemos la posibilidad de una actividad dinámica, pero manteniendo al mismo tiempo la quietud de la mente eterna, ilimitada y creativa. Esta exquisita combinación de la mente silenciosa, ilimitada e infinita con la mente dinámica, limitada e individual, es el equilibrio perfecto de la quietud y el movimiento simultáneos, el cual puede crear cualquier cosa que deseemos. Esta coexistencia de los contrarios — quietud y dinamismo al mismo tiempo — nos independiza de las situaciones, las circunstancias, las personas y las cosas que nos rodean.

Cuando reconozcamos calladamente esta coexistencia exquisita de los contrarios, nos alinearemos con el mundo de la energía — el caldo cuántico, la cosa inmaterial que constituye la fuente del mundo material. Este mundo de energía es fluido, dinámico, flexible, cambiante, y está siempre en movimiento. Pero, al mismo tiempo, es quieto, callado, eterno, silencioso y no cambia.

La quietud en sí constituye la potencia para crear; el movimiento en sí es la creatividad reducida a un determinado aspecto de su expresión. Pero la combinación de quietud y movimiento nos permite dar rienda suelta a la creatividad en todas las direcciones — a donde quiera que el poder de nuestra atención nos lleve.

A donde quiera que vayamos en medio del movimiento y la actividad, llevemos con nosotros la quietud. De esa manera, el movimiento caótico que nos rodea jamás nos ocultará la puerta de acceso al manantial de creatividad, al campo de la potencialidad pura.

# CÓMO APLICAR LA LEY DE LA POTENCIALIDAD PURA

Pondré a funcionar la *ley de la potencialidad pura* comprometiéndome a hacer lo siguiente:

1) Me pondré en contacto con el campo de la potencialidad pura destinando tiempo todos los días a estar en silencio, limitándome sólo a ser. También me sentaré solo a meditar en silencio por lo menos dos veces al día, aproximadamente durante treinta minutos por la mañana y treinta por la noche.

2) Destinaré tiempo todos los días a estar en comunión con la naturaleza y ser testigo silencioso de la inteligencia que reside en cada cosa viviente. Me sentaré en silencio a ob-

servar una puesta del sol, o a escuchar el ruido del oceáno o de un río, o sencillamente a oler el aroma de una flor. En el éxtasis de mi propio silencio, y estando en comunión con la naturaleza, disfrutaré el palpitar milenario de la vida, el campo de la potencialidad pura y la creatividad infinita.

3) Practicaré el hábito de no juzgar. Comenzaré cada día diciéndome: "Hoy no juzgaré nada de lo que suceda", y durante todo el día me repetiré que no debo juzgar.

# — 2 —

## LA LEY DEL DAR

*El universo opera por medio de un intercambio
dinámico... Dar y recibir son aspectos diferentes
del flujo de la energía en el universo.*

*Y si estamos dispuestos a dar aquello que buscamos,
mantendremos la abundancia del universo
circulando en nuestra vida.*

*Este frágil recipiente lo has vaciado una y otra vez para*
*llenarlo eternamente de vida nueva. Esta pequeña*
*flauta de caña la has llevado por valles y montañas,*
*soplando a través de ella melodías siempre nuevas...*
*Tus dones infinitos vienen a mí solamente en mis*
*pequeñas manos. Pasan los siglos, y tú continúas*
*vertiendo, y todavía hay espacio para llenar.*

— RABINDRANATH TAGORE, *Gitanjali*

La segunda ley espiritual del éxito es la *ley del dar*. También podría llamarse la *ley del dar* y *recibir* porque el universo opera a través de un intercambio dinámico. Nada es estático. Nuestro cuerpo está en intercambio dinámico y constante con el cuerpo del universo; nuestra mente mantiene una interacción dinámica con la mente del cosmos; nuestra energía es una expresión de la energía del cosmos.

El flujo de la vida no es otra cosa que la interacción armoniosa de todos los elementos y las fuerzas que estructuran el campo de la existencia. Esta armoniosa interacción de los elementos y las fuerzas de la vida opera a través de la *ley del dar*. Puesto que nuestro cuerpo, nuestra mente y el universo mantienen un constante y dinámico intercambio, frenar la circulación de la energía es como frenar el flujo sanguíneo. Cuando la sangre deja de circular, comienza a coagularse y a estancarse. Por ello debemos dar y recibir a fin de mantener la riqueza y la afluencia\* — o cualquier cosa que deseemos en la vida — circulando permanentemente.

La palabra "afluencia" viene de la raíz latina *afflúere* que significa "fluir hacia". La palabra afluencia significa "fluir en abundancia". El dinero realmente es un símbolo de la energía vital que intercambiamos, y de la energía vital que utilizamos como consecuencia del servicio que le

---

\* La palabra inglesa *affluence* — traducida aquí como "afluencia" — significa, además de abundancia, riqueza y prosperidad; de ahí la digresión etimológica del siguiente párrafo. (*N. del Ed.*)

prestamos al universo. Al dinero también se le llama moneda "corriente", nombre que refleja igualmente la naturaleza fluida de la energía. La palabra "corriente" viene del latín *cúrrere* que significa "correr" o "fluir".

Por tanto, si impedimos la circulación del dinero — si nuestra única intención es acaparar el dinero y aferrarnos a él —, impediremos también, puesto que el dinero es energía vital, que éste vuelva a circular en nuestra vida. Para que esa energía fluya constantemente hacia nosotros, debemos mantenerla en circulación. Al igual que un río, el dinero debe mantenerse en movimiento, o de lo contrario comienza a estancarse, a obstruir, a sofocar y a estrangular su propia fuerza vital. La circulación lo mantiene vivo y vital.

Toda relación es una relación de dar y recibir. El dar engendra el recibir, y el recibir engendra el dar. Lo que sube debe bajar; lo que se va debe volver. En realidad, recibir es lo mismo que dar, porque dar y recibir son aspectos diferentes del flujo de la energía en el universo. Y si detenemos el flujo de alguno de los dos, obstaculizamos la inteligencia de la naturaleza.

En toda semilla está la promesa de miles de bosques. Pero la semilla no debe ser acaparada; ella debe dar su inteligencia al suelo fértil. A través de su acción de dar, su energía invisible fluye para convertirse en una manifestación material.

Cuanto más demos más recibiremos, porque mantendremos la abundancia del universo circulando en nuestra vida. En realidad, todo lo que tiene valor en la vida se multiplica únicamente cuando es dado. Lo que no se multiplica a través del dar, ni vale la pena darse, ni vale la pena recibirse. Si al dar sentimos que hemos perdido algo, el regalo no ha sido dado en realidad, y entonces no generará abundancia. Cuando damos a regañadientes, no hay energía detrás de nuestro acto de dar.

Al dar y al recibir, lo más importante es la intención. La intención debe ser siempre crear felicidad para quien da y para quien recibe, porque la felicidad sostiene y sustenta la vida y, por tanto, genera abundancia. La retribución es directamente proporcional a lo que se da, cuando el acto es incondicional y sale del corazón. Por eso el acto de dar debe ser alegre — la actitud mental debe ser tal que se sienta alegría en el acto mismo de dar. De esa manera, la energía que hay en el acto de dar aumenta muchas veces más.

En realidad, practicar la *ley del dar* es muy sencillo: si deseamos alegría, démosles alegría a otros; si deseamos amor, aprendamos a dar amor; si deseamos atención y aprecio, aprendamos a prestar atención y a apreciar a los demás; si deseamos riqueza material, ayudemos a otros a conseguir esa riqueza. En realidad, la manera más fácil de obtener lo que deseamos es ayudar a los demás a conseguir lo que ellos desean. Este principio funciona igualmente bien para las personas, las empresas, las sociedades y las naciones. Si deseamos recibir el beneficio de todas las cosas buenas de la vida, aprendamos a desearle en silencio a todo el mundo todas las cosas buenas de la vida.

Incluso la sola idea de dar, el simple deseo, o una sencilla oración, tienen el poder de afectar a los demás. Esto se debe a que nuestro cuerpo, reducido a su estado esencial, es un haz individual de energía e información en medio de un universo de energía e información. Somos haces individuales de consciencia en medio de un universo consciente. La palabra "consciencia" implica mucho más que energía e información — implica una energía y una información que viven en forma de pensamiento. Por tanto, somos haces de pensamiento en medio de un universo pensante. Y el pensamiento tiene el poder de transformar.

La vida es la danza eterna de la consciencia, que se manifiesta como un intercambio dinámico de impulsos de inteligencia entre el microcosmos y el macrocosmos, entre el cuerpo humano y el cuerpo universal, entre la mente humana y la mente cósmica.

Cuando aprendemos a dar aquello que buscamos, activamos esa danza y su coreografía con un

movimiento exquisito, enérgico y vital, que cons
tituye el palpitar eterno de la vida.

≈ ≈ ≈

La mejor manera de poner a funcionar la *ley
del dar* — de iniciar todo el proceso de circulación — es tomando la decisión de que cada vez
que entremos en contacto con una persona, le
daremos algo. No es necesario que sean cosas materiales; podría ser una flor, un cumplido o una
oración. En realidad, las formas más poderosas de
dar no son materiales. Obsequios como interesar-
se, prestar atención, dar afecto, aprecio y amor,
son algunos de los más preciados que se pueden
dar, y no cuestan nada. Cuando nos encontremos
con alguien, enviémosle en silencio un buen deseo por su felicidad, alegría y bienestar. Esta forma de generosidad silenciosa es muy poderosa.

Una de las cosas que me enseñaron cuando
era niño, y que también les he enseñado a mis
hijos, es nunca visitar a alguien sin llevarle algo
— no visitemos nunca a alguien sin llevarle un

regalo. Sin embargo, uno podría preguntarse: "¿Cómo puedo hacerles regalos a los demás si ahora ni siquiera tengo suficiente para mí?" Podemos regalar una flor; una sola flor. Podemos llevar una nota o una tarjeta que exprese algo sobre nuestros sentimientos hacia la persona a quien visitamos. Podemos llevar un elogio. Podemos llevar una oración.

Tomemos la decisión de dar en todo lugar a donde vayamos, y a quien quiera que veamos. Mientras estemos dando, estaremos recibiendo. Cuanto más demos, más confianza tendremos en los efectos milagrosos de esta ley. Y a medida que recibamos más, también aumentará nuestra capacidad para dar.

Nuestra verdadera naturaleza es de prosperidad y abundancia; somos naturalmente prósperos porque la naturaleza provee a todas las necesidades y deseos. No nos falta nada porque nuestra naturaleza esencial es la potencialidad pura, las posibilidades infinitas. Por consiguiente, debemos saber que ya somos intrínsecamente ricos, independientemente de cuánto dinero tengamos, porque la fuente de toda riqueza es el campo de la potencialidad pura — es la consciencia que sabe cómo satisfacer cada necesidad, incluyendo la alegría, el amor, la risa, la paz, la armonía y el conocimiento. Si vamos en pos de estas cosas primero — no solamente para nosotros mismos, sino para los demás — todo lo demás nos llegará espontáneamente.

## CÓMO APLICAR LA
## LEY DEL DAR

Pondré a funcionar la *ley del dar* comprometiéndome a hacer lo siguiente:

1) Llevaré un regalo a cualquier lugar a donde vaya y para cualquier persona con quien me encuentre. Ese regalo puede ser un elogio, una flor o una oración. Hoy les daré algo a todas las personas con quienes me encuentre, para iniciar así el proceso de poner en circulación la alegría, la riqueza y la prosperidad en mi vida y en la de los demás.

2) Hoy recibiré con gratitud todos los regalos que la vida me dé. Recibiré los obsequios de la naturaleza: la luz del sol y el canto de los pájaros, o los aguaceros de primavera o las

primeras nevadas del invierno. También estaré abierto a recibir de los demás, sea un regalo material, dinero, un elogio o una oración.

3) Me comprometeré a mantener en circulación la abundancia dando y recibiendo los dones más preciados de la vida: cariño, afecto, aprecio y amor. Cada vez que me encuentre con alguien, le desearé en silencio felicidad, alegría y bienestar.

# 3

# LA LEY DEL "KARMA" O DE CAUSA Y EFECTO

*Cada acción genera una fuerza de energía
que regresa a nosotros de igual manera...
Cosechamos lo que sembramos.*

*Y cuando optamos por acciones que les producen
alegría y éxito a los demás, el fruto de nuestro
karma es también alegría y éxito.*

*El karma es la afirmación eterna del libre albedrío...*
*Nuestros pensamientos, nuestras palabras y nuestros*
*actos son los hilos de la red que tendemos a nuestro*
*alrededor.*

— SWAMI VIVEKANANDA

La tercera ley espiritual del éxito es la *ley del karma*. El "karma" es a la vez la acción y la consecuencia de esa acción; es causa y efecto al mismo tiempo, porque toda acción genera una fuerza de energía que vuelve a nosotros de igual manera. No es desconocida la *ley del karma;* todo el mundo ha oído la expresión "Cosechamos lo que sembramos". Es obvio que si deseamos crear felicidad en nuestra vida, debemos aprender a sembrar las semillas de la felicidad. Así, el karma entraña la acción que resulta de las decisiones conscientes.

En esencia, todos somos escogedores de opciones infinitas. En todo momento de nuestra existencia estamos en el campo de todas las posibilidades, donde tenemos acceso a un número infinito de opciones. Algunas de estas opciones se escogen conscientemente, mientras que otras se eligen inconscientemente. Pero la mejor manera de comprender y utilizar al máximo la ley kármica es que seamos conscientes de las decisiones que tomamos en todo momento.

Sea que nos guste o no nos guste, todo lo que está sucediendo en este momento es producto de las decisiones que tomamos en el pasado. Infortunadamente, muchos de nosotros escogemos inconscientemente, y, por tanto, no nos damos cuenta de que estamos frente a un abanico de opciones; sin embargo, lo estamos.

Si yo insultara a alguien, lo más seguro es que esa persona optara por ofenderse. Si yo le hiciera un cumplido, lo más probable es que optara por sentirse complacida o halagada. Pero pensemos en esto: siempre hay una opción. Yo podría insultarla, y esa persona podría optar por no ofenderse. Yo podría hacerle un cumplido, y ella podría optar por no permitir que mi elogio la afectara.

En otras palabras, la mayoría de nosotros — aunque escogedores de opciones infinitas — nos hemos convertido en haces de reflejos condicionados, los cuales son constantemente provocados por las personas y las circunstancias, en forma de comportamientos predecibles. Estos reflejos condicionados son como los de Pávlov. Pávlov se hizo famoso por demostrar que si se le da algo de comer a un perro cada vez que suena una campana, pronto el perro comienza a salivar cuando oye la campana, porque asocia un estímulo al otro.

La mayoría de nosotros, como consecuencia del condicionamiento, respondemos de manera repetitiva y predecible a los estímulos de nuestro medio ambiente. Al parecer, nuestras reacciones son provocadas automáticamente por las personas y por las circunstancias, y así olvidamos que esas reacciones son opciones que escogemos en cada momento de nuestra existencia. Sucede sim-

plemente que escogemos esas opciones inconscientemente.

Si nos detenemos un momento y observamos
las opciones que escogemos en el instante mismo
en que las escogemos, ese simple acto de conver-
tirnos en espectadores nos permite sacar todo el
proceso del reino del inconsciente para traerlo al
reino de la consciencia. Este procedimiento de
elección y de observación conscientes da mucho
poder.

Cuando hagamos una elección — cualquier
elección — hagámonos dos preguntas. En primer
lugar: "¿Cuáles son las consecuencias de escoger
este camino?" El corazón nos lo dirá inmediatamente. Y en segundo lugar: "¿Traerá esta decisión
que estoy tomando felicidad para mí y para quienes me rodean?" Si la respuesta es afirmativa, sigamos adelante. Si la respuesta es negativa, si se
trata de una opción que nos traerá sufrimiento a
nosotros o a quienes nos rodean, abstengámonos
de escoger ese camino. Es así de sencillo.

Solamente hay una opción, entre el número

infinito de opciones que se presentan a cada segundo, que puede traernos felicidad a nosotros y a quienes nos rodean. Elegir esta opción produce una forma de comportamiento que se conoce con el nombre de acción correcta espontánea. La acción correcta espontánea es la acción apropiada que se toma en el momento oportuno. Es la respuesta correcta a cada situación, en el momento en que se presenta. Es la acción que nos nutre, a nosotros y a todas las demás personas a quienes ella afecta.

El universo tiene un mecanismo muy interesante para ayudarnos a tomar decisiones correctas espontáneamente. Este mecanismo se relaciona con las sensaciones del cuerpo, las cuales son de dos tipos: de bienestar o de malestar. En el instante mismo en que estemos tomando una decisión conscientemente, prestemos atención a nuestro cuerpo y preguntémosle: "¿Qué pasa si opto por esto?" Si el cuerpo nos envía un mensaje de bienestar, es la decisión correcta; si da señales de malestar, entonces no es el camino apropiado.

Algunas personas sienten el mensaje de bienestar o malestar en la zona del plexo solar, pero la mayor parte de la gente lo siente en el área del corazón. Prestemos conscientemente atención al corazón y preguntémosle qué debemos hacer. Después esperemos la respuesta — una respuesta física en forma de sensación. Podrá estar en el nivel más sutil de sensación, pero estará ahí, en nuestro cuerpo.

Sólo el corazón sabe la respuesta correcta. La mayoría de las personas piensan que el corazón es sensiblero y sentimental, pero no es así. El corazón es intuitivo; es holístico, es contextual, es relacional. No se orienta a perder o a ganar. Tiene acceso al computador cósmico — el campo de la potencialidad pura, del conocimiento puro y del infinito poder organizador — y toma todo en cuenta. En algunas ocasiones, quizás no parezca razonable, pero la verdad es que su capacidad de computación es mucho más exacta y mucho más precisa que la de cualquier cosa que se encuentre dentro de los límites del pensamiento racional.

Podemos utilizar la *ley del karma* para crear dinero y abundancia, y hacer que todas las cosas buenas fluyan hacia nosotros cuando lo deseemos. Pero primero debemos tomar consciencia de que el futuro es el producto de las decisiones que tomamos en cada momento de nuestra vida. Si hacemos esto con regularidad, estaremos utilizando plenamente la *ley del karma*. Cuanto más traigamos nuestras decisiones al plano de la consciencia, más podremos escoger aquellas opciones que sean correctas espontáneamente — tanto para nosotros como para quienes nos rodean.

━ ━ ━

¿Qué pasa con el karma del pasado y cómo influye en nosotros ahora? Con respecto al karma pasado, se pueden hacer tres cosas: La primera es pagar las deudas kármicas. La mayoría de la gente escoge hacer esto — inconscientemente, claro está. Ésta también puede ser nuestra opción. Algunas veces, el pago de esas deudas implica mucho sufrimiento, pero la *ley del karma* dice que en el universo jamás queda una deuda pendiente. El sistema contable de este universo es perfecto, y todo es un intercambio constante, de un lado a otro, de energía.

La segunda posibilidad es transformar o convertir el karma en una experiencia más deseable. Éste es un proceso muy interesante, en el cual uno se pregunta, mientras paga la deuda kármica: "¿Qué puedo aprender de esta experiencia? ¿Por qué me está sucediendo esto y cuál es el mensaje que el universo trata de comunicarme? ¿Cómo puedo hacer que esta experiencia sea útil para mis congéneres los seres humanos?"

Haciendo esto, buscamos el principio de la oportunidad, para luego unirlo con nuestro *dharma*, o sea el propósito de nuestra vida, del cual hablaremos en la séptima ley espiritual del éxito. Esto nos permite convertir el karma en una nueva experiencia.

Si, por ejemplo, nos fracturamos una pierna practicando un deporte, podríamos preguntarnos: "¿Qué puedo aprender de esta experiencia? ¿Cuál es el mensaje que el universo trata de comunicarme?" Quizás el mensaje sea que necesitamos tomar las cosas con calma y tener más cuidado o prestar más atención a nuestro cuerpo la próxima vez. Y si nuestro *dharma* es enseñar a otros lo que sabemos, entonces al preguntarnos: "¿Cómo puedo hacer que esta experiencia sea útil para mis congéneres los seres humanos?", podríamos optar por compartir lo que aprendimos escribiendo un libro sobre la manera de practicar deportes sin riesgo; o podríamos diseñar un zapato especial o un protector para las piernas que evitara ese tipo de lesión.

De este modo, a la vez que pagamos nuestra deuda kármica, habremos convertido la adversidad en un beneficio que puede traernos riqueza y realización. En eso consiste la transformación del karma en una experiencia positiva. En realidad, no nos hemos librado de nuestro karma, pero podemos aprovechar un episodio kármico para crear un karma nuevo y positivo a partir de él.

La tercera manera de enfrentar el karma es

trascendiéndolo. Trascender el karma es independizarse de él. La manera de trascender el karma es entrar constantemente en el espacio de la consciencia pura para sentir el yo, el espíritu. Es como lavar un trapo sucio en una corriente de agua; cada vez que se lava, desaparecen algunas manchas, y si se lava una y otra vez, cada vez queda más limpio. Limpiamos o trascendemos el karma entrando y saliendo del espacio de la consciencia pura. Esto, claro está, se hace mediante la práctica de la meditación.

Todos los actos son episodios kármicos; beber una taza de café es un episodio kármico. Esa acción genera recuerdo, y el recuerdo tiene la capacidad o la potencia de generar deseo, y el deseo genera nuevamente una acción. El sistema operacional del alma consta de karma, recuerdo y deseo. El alma es un haz de consciencia en el cual residen las semillas del karma, el recuerdo y el deseo. Cuando tomamos consciencia de esto, nos convertimos en generadores de realidad conscientes. Tomando consciencia de las elecciones que hacemos, comenzamos a generar acciones que encierran un proceso de evolución tanto para nosotros como para todos los que nos rodean. Y eso es todo lo que necesitamos hacer.

Mientras el karma sea evolutivo — tanto para el yo como para todos los afectados por el yo — los frutos del karma serán la felicidad y el éxito.

## Cómo aplicar la ley del "karma" o de causa y efecto

Pondré a funcionar la *ley del karma* comprometiéndome a hacer lo siguiente:

1) Hoy observaré las decisiones que tome en cada momento. Y con el simple hecho de observar esas decisiones, las traeré a mi consciencia. Sabré que la mejor manera de prepararme para cualquier momento en el futuro es estar totalmente consciente en el presente.

2) Siempre que haga una elección me formularé dos preguntas: "¿Cuáles son las consecuencias de esta decisión?" y "¿Traerá esta decisión felicidad y realización tanto para mí como para aquéllos a quienes afectará?"

3)  Después le pediré orientación a mi corazón, y me dejaré guiar por su mensaje de bienestar o de malestar. Si me siento a gusto con la decisión, seguiré adelante sin temor. Si la decisión me produce malestar, me detendré a mirar las consecuencias de mi acción con mi visión interior. Esta orientación me permitirá tomar espontáneamente decisiones correctas tanto para mí como para todos los que me rodean.

## ~ 4 ~

# LA LEY DEL MENOR ESFUERZO

*La inteligencia de la naturaleza
funciona con toda facilidad... con despreocupación,
con armonía y con amor.*

*Y cuando aprovechamos las fuerzas de la armonía,
la alegría y el amor, creamos éxito y buena
fortuna con gran facilidad.*

*Un ser integral conoce sin viajar, ve sin mirar, y*
*realiza sin hacer.*

— LAO-TSE

La cuarta ley espiritual del éxito es la *ley del menor esfuerzo*. Esta ley se basa en el hecho de que la inteligencia de la naturaleza funciona con toda facilidad y despreocupación. Ése es el principio de la menor acción, de la no resistencia. Por consiguiente, es el principio de la armonía y el amor. Cuando aprendemos esta lección que nos enseña la naturaleza, satisfacemos con facilidad nuestros deseos.

Si observamos la naturaleza, veremos que ella utiliza un esfuerzo mínimo para funcionar. La hierba no tiene que hacer ningún esfuerzo para crecer; sencillamente, crece. Los peces no se esfuerzan para nadar; sencillamente, nadan. Las flores no hacen ningún esfuerzo para abrirse; sencillamente, se abren. Las aves no se esfuerzan para volar; sencillamente, vuelan. Ésa es su naturaleza intrínseca. La Tierra no se esfuerza para girar sobre su eje; es su naturaleza girar a velocidad vertiginosa en el espacio. Es la naturaleza de un bebé estar siempre en estado de dicha. Es la naturaleza del sol brillar. Es la naturaleza de las estrellas titilar y destellar. Y es la naturaleza humana hacer que los sueños se conviertan en realidad, con facilidad y sin esfuerzo.

En la ciencia védica, la filosofía milenaria de la India, este principio se conoce como economía de esfuerzo, o "hacer menos para lograr más". Al final, llegamos al estado en que sin hacer nada lo realizamos todo. Esto significa que una ligera idea puede convertirse en realidad sin esfuerzo alguno. Lo que conocemos normalmente como "milagros" son en realidad manifestaciones de la *ley del menor esfuerzo*.

La inteligencia de la naturaleza funciona sin esfuerzo, sin resistencia, espontáneamente. No es lineal; es intuitiva, holística y estimulante. Y cuando estamos en armonía con la naturaleza, cuando estamos seguros del conocimiento de nuestro verdadero yo, podemos utilizar la *ley del menor esfuerzo*.

Es mínimo el esfuerzo que hacemos cuando nuestros actos brotan del amor, porque es la energía del amor la que aglutina la naturaleza. Cuando tratamos de conseguir el poder para controlar a los demás, gastamos energía. Cuando buscamos el dinero o el poder para satisfacer al ego, gastamos energía persiguiendo la ilusión de la felicidad, en lugar de disfrutar la felicidad del momento. Cuando anhelamos el dinero para beneficio personal únicamente, cortamos el flujo de energía hacia nosotros e impedimos la expresión de la inteligencia de la naturaleza. Pero cuando nuestras actuaciones nacen del amor, no hay desperdicio de energía. Cuando nuestros actos brotan del amor, la energía se multiplica y se acumula — y el exceso de energía que recogemos y disfrutamos puede canalizarse para crear cualquier cosa que deseemos, incluida la riqueza sin límites.

Podemos considerar el cuerpo como un aparato para controlar la energía: puede generar, almacenar y gastar energía. Si sabemos cómo generar, almacenar y gastar la energía de una manera eficiente, podemos crear cualquier cantidad de riqueza. Fijar nuestra atención en el ego consume la mayor parte de la energía. Cuando nuestro punto interno de referencia es el ego, cuando buscamos poder y control sobre los demás, o la aprobación del resto del mundo, desperdiciamos nuestra energía.

Sin embargo, cuando liberamos esa energía podemos recanalizarla para crear cualquier cosa que deseemos. Cuando nuestro punto interno de referencia es nuestro espíritu, cuando nos volvemos inmunes a la crítica y perdemos el temor a los desafíos, podemos aprovechar el poder del amor y utilizar creativamente la energía para vivir la abundancia y la evolución.

En *El arte de soñar*, don Juan le dice a Carlos Castañeda: "Gastamos la mayor parte de nuestra energía sosteniendo nuestra importancia... Si pudiéramos perder parte de esa importancia, nos sucederían dos cosas extraordinarias. Una, liberaríamos la energía que se mantiene atada alimentando la idea ilusoria de nuestra grandeza; y dos, nos proveeríamos de suficiente energía para ... vislumbrar la grandeza real del universo".

La *ley del menor esfuerzo* tiene tres componentes — tres cosas que podemos hacer para poner en funcionamiento este principio de "hacer menos para lograr más". El primer componente es la aceptación. Aceptar significa sencillamente contraer un compromiso: "Hoy aceptaré a las personas, las situaciones, las circunstancias y los hechos tal como se presenten". Eso significa que sabremos que este momento es como debe ser, porque todo el universo es como debe ser. Este momento — el que estamos viviendo ahora mismo — es la culminación de todos los momentos que hemos vivido en el pasado. Este momento es como es porque todo el universo es como es.

Cuando luchamos contra este momento, en realidad luchamos contra todo el universo. En lugar de eso, podemos tomar la decisión de no luchar hoy contra todo el universo, no luchando contra este momento. Eso significa que nuestra aceptación de este momento es total y completa. Aceptamos las cosas como son, no como quisiéramos que fueran, en este momento. Es importante comprender esto: podemos desear que las cosas sean diferentes en el futuro, pero en este momento debemos aceptarlas como son.

Cuando nos sintamos frustrados o estemos molestos a causa de una persona o una situación, recordemos que nuestra reacción no es contra la persona o la situación, sino contra nuestros sentimientos acerca de esa persona o esa situación. Ésos son nuestros sentimientos, y nadie tiene la culpa de ellos. Cuando reconozcamos y comprendamos esto plenamente, estaremos listos para asumir la responsabilidad de lo que sentimos y para cambiarlo. Y si podemos aceptar las cosas como son, estaremos listos para asumir la responsabilidad de nuestra situación y de todos los sucesos que percibimos como problemas.

Esto nos lleva al segundo componente de la *ley del menor esfuerzo*: la responsabilidad. ¿Qué significa responsabilidad? Significa no culpar a nadie o a nada — ni siquiera a nosotros mismos — de nuestra situación. Una vez aceptado un suceso, un problema o una circunstancia, responsabilidad significa la capacidad de tener una respuesta creativa a la situación tal como es en este momento. En todos los problemas hay un principio de oportunidad, y esta consciencia nos permite aprovechar el momento y transformarlo en una situación o una cosa mejor.

Cuando hacemos esto, toda situación supuestamente enojosa se convertirá en una oportunidad para crear algo nuevo y bello; y todo supuesto torturador o tirano se convertirá en maestro. La realidad es una interpretación. Y si optamos por interpretar la realidad de esta manera, tendremos muchos maestros a nuestro alrededor, y muchas oportunidades para evolucionar.

Siempre que enfrentemos a un tirano, torturador, maestro, amigo o enemigo (todos son la misma cosa), recordemos: "Este momento es como debe ser". Cualesquiera que sean las relaciones que tengamos en este momento de nuestra vida, son precisamente las que necesitamos en este momento. Hay un significado oculto detrás de todos los acontecimientos, y ese significado oculto está trabajando a favor de nuestra evolución.

El tercer componente de la *ley del menor esfuerzo* es asumir una actitud no defensiva, lo que significa que nuestra consciencia abandona su actitud defensiva y nosotros renunciamos a la necesidad de convencer o persuadir a los demás de que nuestro punto de vista es el correcto. Si observamos a las personas que nos rodean, veremos que ellas pasan el noventa y nueve por ciento del tiempo defendiendo sus puntos de vista. Si sencillamente renunciamos a la necesidad de defender nuestro punto de vista, a través de esa renuncia lograremos acceso a una cantidad enorme de energía que anteriormente desperdiciábamos.

Cuando estamos a la defensiva, cuando culpamos a los demás y no aceptamos ni nos rendimos ante el momento, nuestra vida se llena de resistencia. Cada vez que encontremos resistencia, reconozcamos que forzar la situación sólo aumentará la resistencia. No es bueno alzarse rígido como un gran roble que se agrieta y sucumbe a la tempestad; al contrario, debemos tratar de ser flexibles como la caña que se dobla en la tormenta y sobrevive.

Desistamos completamente de defender nuestro punto de vista. Cuando no hay un punto que defender, no puede haber discusión. Si hacemos esto constantemente —si dejamos de luchar y de resistirnos— viviremos plenamente el presente, el cual es un regalo. Alguien me dijo una vez que "el pasado es historia, el futuro es un misterio, y este momento es un regalo. Por esa razón este momento se denomina «el presente»".

Si abrazamos el presente y nos volvemos uno con él, si nos fusionamos con él, sentiremos un fuego, un brillo, una chispa de energía palpitando en cada ser consciente. A medida que experimentemos este júbilo del espíritu en cada ser vivo, cuando entremos en intimidad con él, la dicha nacerá en nuestro interior y podremos deshacernos de las terribles cargas y molestias de la actitud defensiva, el resentimiento y el rencor. Sólo entonces nos sentiremos despreocupados, festivos, alegres y libres.

En medio de esta libertad alegre y sencilla, sabremos sin duda en nuestro corazón que lo que deseemos estará disponible para nosotros cuando lo deseemos, porque nuestro deseo vendrá del nivel de la felicidad, y no del nivel de la ansiedad o el temor. No necesitamos justificarnos; simplemente declaremos nuestro propósito ante nosotros mismos, y experimentaremos realización, deleite, alegría, libertad y autonomía en todos los momentos de nuestra vida.

Comprometámonos a seguir el camino de la no resistencia. Ése es el camino a través del cual la inteligencia de la naturaleza se desarrolla espontáneamente, sin resistencia ni esfuerzo. Cuando alcancemos esa deliciosa combinación de aceptación, responsabilidad e indefensión, sentiremos la facilidad con que fluye la vida.

Si permanecemos abiertos a todos los puntos de vista — no aferrados rígidamente a uno —, nuestros sueños y nuestros deseos fluirán con los deseos de la naturaleza. Entonces podremos liberar nuestros deseos sin apego, y después sólo esperar el momento propicio para que florezcan convertidos en realidad. Podemos estar seguros de que cuando el momento sea el indicado, nuestros deseos se cumplirán. Ésa es la *ley del menor esfuerzo*.

## Cómo aplicar la ley
## del menor esfuerzo

Pondré a funcionar la *ley del menor esfuerzo* comprometiéndome a hacer lo siguiente:

1) Practicaré la aceptación. Hoy aceptaré a las personas, las situaciones, las circunstancias y los sucesos tal como se presenten. Sabré que este momento es como debe ser, porque todo el universo es como debe ser. No lucharé contra todo el universo poniéndome en contra del momento presente. Mi aceptación es total y completa. Acepto las cosas como son en este momento, no como me gustaría que fueran.

2) Habiendo aceptado las cosas como son, aceptaré la responsabilidad de mi situación y de

todos los sucesos que percibo como problemas. Sé que asumir la responsabilidad significa no culpar a nada ni a nadie de mi situación (y eso me incluye a mí). También sé que todo problema es una oportunidad disfrazada, y que esta actitud de alerta ante todas las oportunidades me permite transformar este momento en un beneficio mayor.

3) Hoy mi consciencia mantendrá una actitud no defensiva. Renunciaré a la necesidad de defender mi punto de vista. No sentiré la necesidad de convencer o persuadir a los demás de que acepten mi punto de vista. Permaneceré abierto a todas las opiniones sin aferrarme rígidamente a ninguna de ellas.

# — 5 —

# LA LEY DE LA
# INTENCIÓN Y EL DESEO

*Inmanente en toda intención y en todo deseo
está el mecanismo para su realización... la intención
y el deseo en el campo de la potencialidad pura
tienen un infinito poder organizador.*

*Y cuando introducimos una intención en el suelo
fértil de la potencialidad pura, ponemos a trabajar
para nosotros ese infinito poder organizador.*

*En el principio era el deseo, primera semilla de la*
*mente; los sabios, habiendo meditado en su corazón,*
*descubrieron por su sabiduría la conexión entre lo*
*existente y lo inexistente.*

— Himno de la Creación, *Rig Veda*

La quinta ley espiritual del éxito es la *ley de la intención y el deseo*. Esta ley se basa en el hecho de que la energía y la información existen en todas partes en la naturaleza. En efecto, a nivel del campo cuántico solamente hay energía e información. Campo cuántico es sólo otra manera de denominar el campo de la consciencia pura o de la potencialidad pura. Y en este campo cuántico influyen la intención y el deseo. Examinemos este proceso en detalle.

Cuando una flor, un arco iris, un árbol, una hoja de hierba, un cuerpo humano se descomponen en sus partes esenciales, vemos que éstas son energía e información. Todo el universo, en su naturaleza esencial, es el movimiento de la energía y la información. La única diferencia entre nosotros y un árbol es el contenido de información y de energía de nuestros respectivos cuerpos.

En el plano material, tanto nosotros como el árbol estamos hechos de los mismos elementos reciclados: principalmente carbono, hidrógeno, oxígeno, nitrógeno y otros elementos en cantidades minúsculas. Estos elementos se podrían comprar en un laboratorio. Por tanto, la diferencia entre nosotros y el árbol no reside en el carbono, o en el hidrógeno o en el oxígeno. De hecho, nosotros y el árbol intercambiamos constantemente nuestro carbono y nuestro oxígeno. La verdadera diferencia entre los dos está en la energía y en la información.

En el orden general de la naturaleza, nosotros, los seres humanos, pertenecemos a una especie privilegiada. Tenemos un sistema nervioso capaz de tomar consciencia del contenido de energía e información de ese campo particular que da origen a nuestro cuerpo físico. Experimentamos ese campo subjetivamente en forma de pensamientos, sentimientos, emociones, deseos, recuerdos, instintos, impulsos y creencias. Este mismo campo es percibido objetivamente como el cuerpo físico — y por medio del cuerpo, percibimos ese campo como el mundo. Pero todo está hecho de lo mismo. Por eso los antiguos videntes exclamaban: "Yo soy eso, usted es eso, todo esto es eso, y eso es todo lo que existe".

Nuestro cuerpo no es independiente del cuerpo del universo, porque al nivel de la mecánica cuántica no existen fronteras bien definidas. Somos como una onda, una ola, una fluctuación, una circunvolución, un remolino, una perturbación localizada en un campo cuántico más grande. Ese campo cuántico más grande — el universo — es nuestro cuerpo ampliado.

El sistema nervioso humano no solamente es capaz de tomar consciencia de la información y de la energía de su propio campo cuántico, sino que, como la consciencia humana es infinitamente flexible a través de ese maravilloso sistema nervioso, podemos cambiar conscientemente el contenido de información que da origen a nuestro cuerpo físico. Podemos cambiar conscientemente el contenido de energía y de información de nuestro propio cuerpo de mecánica cuántica y, por tanto, influir en el contenido de energía y de información de nuestro cuerpo ampliado — nuestro entorno, el mundo — y hacer que sucedan cosas en él.

Este cambio consciente se logra a través de las dos cualidades inherentes a la consciencia: la atención y la intención. La atención da energía, y la intención transforma. Cualquier cosa a la cual prestemos atención, crecerá con más fuerza en nuestra vida. Cualquier cosa a la cual dejemos de prestar atención, se marchitará, se desintegrará y desaparecerá. Por otro lado, la intención estimula la transformación de la energía y de la información. La intención organiza su propia realización.

El acto de dirigir la intención sobre el objeto

de la atención desencadenará una infinidad de sucesos espacio-temporales orientados a producir el resultado buscado, siempre y cuando que uno cumpla las otras leyes espirituales del éxito. Esto se debe a que la intención, dirigida sobre el campo fértil de la atención, tiene un infinito poder organizador. Infinito poder organizador significa poder para organizar una infinidad de sucesos espacio-temporales, todos al mismo tiempo. Vemos la expresión de este infinito poder organizador en cada hoja de hierba, en cada flor de manzano, en cada célula de nuestro cuerpo. Lo vemos en todo lo que vive.

En el orden general de la naturaleza, todo se conecta y se correlaciona con todo lo demás. Cuando la marmota sale de su madriguera subterránea, sabemos que se avecina la primavera. Las aves comienzan a migrar en cierta dirección en determinada época del año. La naturaleza es una sinfonía. Y esa sinfonía es orquestada en silencio desde el fundamento último de la creación.

El cuerpo humano es otro buen ejemplo de

esta sinfonía. Una sola célula del cuerpo humano realiza cerca de seis billones de funciones por segundo, y debe saber lo que todas las demás células están haciendo al mismo tiempo. El cuerpo humano puede tocar un instrumento musical, matar gérmenes, hacer un bebé, recitar poesías y observar el movimiento de las estrellas, todo al mismo tiempo, porque el campo de la correlación infinita es parte de su campo de información.

Lo que es asombroso acerca del sistema nervioso de la especie humana es que puede gobernar ese infinito poder organizador a través de la intención consciente. En la especie humana, la intención no está fija o encerrada en una red rígida de energía e información. Tiene una flexibilidad infinita. En otras palabras, mientras no infrinjamos las otras leyes de la naturaleza, a través de nuestra intención podemos, literalmente, dirigir las leyes de la naturaleza para convertir en realidad nuestros sueños y nuestros deseos.

Podemos poner a trabajar para nosotros al computador cósmico, con su infinito poder organizador. Podemos ir hasta ese fundamento último de la creación e introducir una intención, y con sólo hacerlo, activar el campo de la correlación infinita.

La intención sienta las bases para el flujo fácil, espontáneo y suave de la potencialidad pura, que busca pasar de lo inmanifiesto a lo manifiesto. La única advertencia es que utilicemos nuestra intención para beneficio de la humanidad; pero eso es algo que sucede espontáneamente cuando uno está alineado con las siete leyes espirituales del éxito.

❦

La intención es el verdadero poder detrás del deseo. La sola intención es muy poderosa, porque es deseo sin apego al resultado. El solo deseo es débil, porque en la mayoría de los casos es atención con apego. La intención es desear respetando estrictamente todas las demás leyes, pero en particular la sexta ley espiritual del éxito: la *ley del desapego*.

La intención, combinada con el desapego, lleva a una consciencia del momento presente centrada en la vida. Y cuando la acción se realiza teniendo consciencia del momento presente, su eficacia es máxima. La intención mira hacia el futuro, pero la atención está en el presente. Mientras la atención esté en el presente, la intención hacia el futuro se cumplirá porque el futuro se crea en el presente. Debemos aceptar el presente tal como es. Aceptemos el presente y proyectemos el futuro. El futuro es algo que siempre podemos crear por medio de la intención desapegada, pero nunca debemos luchar contra el presente.

El pasado, el presente y el futuro son propiedades de la consciencia. El pasado es recuerdo, memoria; el futuro es expectación; el presente es consciencia. Por consiguiente, el tiempo es el movimiento del pensamiento. Tanto el pasado como el futuro nacen en la imaginación; solamente el presente, que es consciencia, es real y es eterno. Lo es. Es la potencialidad para el mundo del espacio y el tiempo, la materia y la energía. Es un campo eterno de posibilidades que se experimenta a sí mismo en forma de fuerzas abstractas, trátese de la luz, el calor, la electricidad, el magnetismo o la gravedad. Estas fuerzas no están ni en el pasado ni en el futuro; sencillamente son.

Nuestra interpretación de estas fuerzas abstractas hace posible que tengamos la experiencia de los fenómenos concretos. Las interpretaciones que recordamos de las fuerzas abstractas crean la experiencia del pasado, mientras que las que anticipamos crean el futuro. Ellas son las cualidades de la atención en la consciencia. Cuando estas cualidades se liberan de la carga del pasado, la acción en el presente se convierte en suelo fértil para la creación del futuro.

La intención, apoyada en esta libertad indiferente del presente, actúa como catalizador para la mezcla correcta de materia, energía y sucesos espacio-temporales para crear cualquier cosa que deseemos.

Si tenemos consciencia del momento presente centrada en la vida, entonces los obstáculos imaginarios — los cuales constituyen más del noventa por ciento de los obstáculos percibidos — se desintegran y desaparecen. El restante cinco a diez por ciento de los obstáculos percibidos se pueden convertir en oportunidades por medio de la intención focalizada.

La intención focalizada es la atención que no se aparta de su propósito. Tener una intención focalizada significa mantener nuestra atención en el resultado que perseguimos, con un propósito tan inflexible que impida completamente que cualquier obstáculo consuma o disipe la concentración de nuestra atención. Se eliminan de la consciencia todos los obstáculos, de manera total y completa. Así podemos mantener una serenidad inconmovible, a la vez que mantenemos con pasión intensa el compromiso con nuestro objetivo. Éste es, simultáneamente, el poder de la consciencia sin apego y la intención focalizada.

Aprendamos a aprovechar el poder de la intención, y podremos crear cualquier cosa que deseemos. Todavía será posible obtener resultados a través del esfuerzo y la constancia, pero a un precio; ese precio puede ir desde la tensión emocional hasta una enfermedad cardíaca o un trastorno de la función del sistema inmunológico. Es mucho mejor dar los siguientes cinco pasos para poner en práctica la *ley de la intención y el deseo*. Cuando sigamos estos cinco pasos para cumplir nuestros deseos, la intención generará su propio poder.

1) Entremos en el espacio de la consciencia pura. Eso significa ubicarnos en medio de ese espacio silencioso que hay entre los pensamientos, entrar en el silencio — ese nivel de sólo ser que es nuestro estado esencial.

2) Una vez establecidos en ese estado de sólo ser, liberemos nuestras intenciones y nuestros deseos. Cuando uno está realmente en ese espacio, no hay pensamiento, no hay intención; pero en cuanto sale de él — en esa unión entre el espacio silencioso y un pensa-

miento —es posible introducir la intención. Si tenemos una serie de metas, escribámoslas y concentremos nuestra intención en ellas antes de entrar en el espacio silencioso. Si deseamos una carrera de éxito, por ejemplo, debemos entrar en el espacio silencioso con esa intención, y así la intención ya estará allí como una tenue llama vacilante en nuestra consciencia. Liberar las intenciones y los deseos en este espacio significa sembrarlos en el suelo fértil de la potencialidad pura y esperar a que florezcan en el momento propicio. No es conveniente desenterrar las semillas de los deseos para ver si están creciendo, o aferrarse rígidamente a la manera como deberán desarrollarse. Lo único que hay que hacer es dejarlas libres.

3) Permanezcamos en el estado de auto-referencia. Esto significa permanecer establecidos er la consciencia de nuestro verdadero yo — nuestro espíritu, nuestra conexión con el

campo de la potencialidad pura. También significa no vernos a nosotros mismos a través de los ojos del mundo, o dejarnos influir por las opiniones y las críticas de los demás. Una buena manera de mantener el estado de autorreferencia es no divulgar nuestros deseos; no compartirlos con nadie, a menos que la otra persona tenga exactamente los mismos deseos que nosotros y entre los dos exista una unión fuerte.

4) Renunciemos a nuestro apego al resultado. Esto significa renunciar a nuestro rígido interés por un resultado específico y vivir en la sabiduría de la incertidumbre. Significa disfrutar cada momento de la jornada de la vida, aunque desconozcamos el desenlace.

5) Dejemos que el universo se encargue de los detalles. Nuestras intenciones y nuestros deseos, una vez liberados en el espacio silencioso, tienen un infinito poder organizador.

Confiemos en que ese infinito poder organizador de la intención orquestará todos los detalles por nosotros.

Recordemos que nuestra verdadera naturaleza es el espíritu puro. Llevemos la consciencia de este espíritu a donde quiera que vayamos, liberemos suavemente nuestros deseos, y el universo manejará los detalles por nosotros.

## Cómo aplicar la ley de la intención y el deseo

Pondré a funcionar la *ley de la intención y el deseo* comprometiéndome a hacer lo siguiente:

1) Haré una lista de todos mis deseos, y la llevaré a donde quiera que vaya. Miraré la lista antes de entrar en mi silencio y mi meditación. La miraré antes de dormir por la noche. La miraré al despertar por la mañana.

2) Liberaré esta lista de mis deseos y la entregaré al seno de la creación, confiando en que cuando parezca que las cosas no están saliendo bien, hay una razón, y en que el plan cósmico tiene para mí unos designios mucho más importantes que los que yo he concebido.

3) Recordaré practicar la consciencia del momento presente en todos mis actos. No permitiré que los obstáculos consuman o disipen la concentración de mi atención en el momento presente. Aceptaré el presente tal como es, y proyectaré el futuro a través de mis intenciones y mis deseos más profundos y queridos.

# ~ 6 ~

# La ley del desapego

*La sabiduría de la incertidumbre reside en el desapego… en la sabiduría de la incertidumbre reside la liberación del pasado, de lo conocido, que es la prisión del condicionamiento anterior.*

*Y en nuestro deseo de ir hacia lo desconocido, el campo de todas las posibilidades, nos entregamos a la mente creativa, que orquesta la danza del universo.*

*Como dos aves doradas posadas en el mismo árbol,*
*el ego y el yo, íntimos amigos, viven en el mismo*
*cuerpo. El primero come los frutos dulces y amargos*
*del árbol de la vida, mientras que el segundo observa*
*con indiferencia.*

— Upanishad Mundaka

La sexta ley espiritual del éxito es la *ley del desapego*. Esta ley dice que para adquirir cualquier cosa en el universo físico, debemos renunciar a nuestro apego a ella. Esto no significa que renunciemos a la intención de cumplir nuestro deseo. No renunciamos a la intención ni al deseo; renunciamos al interés por el resultado.

Es grande el poder que se deriva de esto. Tan pronto como renunciamos al interés por el resultado, combinando al mismo tiempo la intención concentrada y el desapego, conseguimos lo que deseamos. Podemos conseguir cualquier cosa que deseemos a través del desapego, porque éste se basa en la confianza incuestionable en el poder del verdadero yo. El apego, en cambio, se basa en el temor y en la inseguridad — y la necesidad de sentir seguridad emana del desconocimiento del verdadero yo.

La fuente de la abundancia, de la riqueza o de cualquier cosa en el mundo físico es el yo; es la consciencia que sabe cómo satisfacer cada necesidad. Todo lo demás es un símbolo: vehículos, casas, cheques, ropa, aviones. Los símbolos son transitorios; llegan y se van. Perseguir símbolos es como contentarse con el mapa en lugar del territorio. Es algo que produce ansiedad y acaba por hacernos sentir vacíos y huecos por dentro, porque cambiamos el yo por los símbolos del yo.

El apego es producto de la consciencia de la pobreza, porque se interesa siempre por los símbolos. El desapego es sinónimo de la consciencia de la riqueza, porque con él viene la libertad para crear. Sólo a partir de un compromiso desprendido, podemos tener alegría y felicidad. Entonces, los símbolos de la riqueza aparecen espontáneamente y sin esfuerzo. Sin desapego somos prisioneros del desamparo, la desesperanza, las necesidades mundanas, los intereses triviales, la desesperación silenciosa y la gravedad — características distintivas de una existencia mediocre y una consciencia de la pobreza.

La verdadera consciencia de la riqueza es la capacidad de tener todo lo que deseamos, cada vez que lo deseamos, y con un mínimo de esfuerzo. Para afianzarnos en esta experiencia es necesario afianzarnos en la sabiduría de la incertidumbre. En la incertidumbre encontraremos la libertad para crear cualquier cosa que deseemos.

La gente busca constantemente seguridad, pero con el tiempo descubriremos que esa búsqueda es en realidad algo muy efímero. Hasta el apego al dinero es una señal de inseguridad. Uno podría decir: "Me sentiré seguro cuando tenga X cantidad de dinero porque entonces tendré independencia económica y podré jubilarme. Y entonces haré todo lo que he querido hacer siempre". Pero eso es algo que nunca sucede — que nunca llega.

Quienes buscan la seguridad la persiguen durante toda la vida sin encontrarla jamás. La seguridad es evasiva y efímera porque no puede depender exclusivamente del dinero. El apego al dinero siempre creará inseguridad, no importa cuánto dinero se tenga en el banco. De hecho, algunas de las personas que más dinero tienen son las más inseguras.

La búsqueda de la seguridad es una ilusión. Según las antiguas tradiciones de sabiduría, la solución de todo este dilema reside en la sabiduría de la inseguridad o la sabiduría de la incertidumbre. Esto significa que la búsqueda de seguridad y de certeza es en realidad un apego a lo conocido. ¿Y qué es lo conocido? Lo conocido es el pasado. Lo conocido no es otra cosa que la prisión del condicionamiento anterior. Allí no hay evolución — absolutamente ninguna evolución. Y cuando no hay evolución, sobrevienen el estancamiento, el desorden, el caos y la decadencia.

La incertidumbre, por otra parte, es el suelo fértil de la creatividad pura y de la libertad. La incertidumbre es penetrar en lo desconocido en cada momento de nuestra existencia. Lo desconocido es el campo de todas las posibilidades, siempre fresco, siempre nuevo, siempre abierto a la creación de nuevas manifestaciones. Sin la incertidumbre y sin lo desconocido, la vida es sólo una vil repetición de recuerdos gastados. Nos convertimos en víctimas del pasado, y nuestro torturador de hoy es el yo que ha quedado de ayer.

Renunciemos a nuestro apego a lo conocido y adentrémonos en lo desconocido, así entraremos en el campo de todas las posibilidades. La sabiduría de la incertidumbre jugará un importante papel en nuestro deseo de entrar en lo desconocido. Esto significa que en cada momento de nuestra vida habrá emoción, aventura, misterio; que experimentaremos la alegría de vivir: la magia, la celebración, el júbilo y el regocijo de nuestro propio espíritu.

Cada día podemos buscar la emoción de lo que

puede ocurrir en el campo de todas las posibilidades. Si nos sentimos inseguros, estamos en el camino correcto —— no nos demos por vencidos. En realidad no necesitamos tener una idea rígida y completa de lo que haremos la semana próxima o el año próximo, porque si tenemos una idea clara de lo que ha de suceder y nos aferramos rígidamente a ella, dejaremos por fuera un enorme abanico de posibilidades.

Una de las características del campo de todas las posibilidades es la correlación infinita. Este campo puede orquestar una infinidad de sucesos espacio-temporales con el fin de producir el resultado esperado. Pero cuando hay apego, la intención queda atrapada en una forma de pensar rígida y se pierden la fluidez, la creatividad y la espontaneidad inherentes al campo de todas las posibilidades. Cuando nos apegamos a algo, congelamos nuestro deseo, lo alejamos de esa fluidez y esa flexibilidad infinitas y lo encerramos dentro de un rígido marco que obstaculiza el proceso total de la creación.

La *ley del desapego* no obstaculiza la *ley de la intención* y *el deseo* — la fijación de metas. Siempre tenemos la intención de avanzar en una determinada dirección, siempre tenemos una meta. Sin embargo, entre el punto A y el punto B hay un número infinito de posibilidades, y si la incertidumbre está presente, podremos cambiar de dirección en cualquier momento si encontramos un ideal superior o algo más emocionante. Al mismo tiempo, será menos probable que forcemos las soluciones de los problemas, lo cual hará posible que nos mantengamos atentos a las oportunidades.

La *ley del desapego* acelera el proceso total de la evolución. Cuando entendemos esta ley, no nos sentimos obligados a forzar las soluciones de los problemas. Cuando forzamos las soluciones, solamente creamos nuevos problemas. Pero si fijamos nuestra atención en la incertidumbre y la observamos mientras esperamos ansiosamente a que la solución surja de entre el caos y la confusión, entonces surgirá algo fabuloso y emocionante.

Cuando este estado de vigilancia — nuestra preparación en el presente, en el campo de la incertidumbre — se suma a nuestra meta y a nuestra intención, nos permite aprovechar la oportunidad. ¿Qué es la oportunidad? Es lo que está contenido en cada problema de la vida. Cada problema que se nos presenta en la vida es la semilla de una oportunidad para algún gran beneficio. Una vez que tengamos esta percepción, nos abriremos a toda una gama de posibilidades — lo cual mantendrá vivos el misterio, el asombro, la emoción y la aventura.

Podremos ver cada problema de la vida como la oportunidad de algún gran beneficio. Habiéndonos afianzado en la sabiduría de la incertidumbre, podremos permanecer alerta a las oportunidades. Y, cuando nuestro estado de preparación se encuentre con la oportunidad, la solución aparecerá espontáneamente.

Lo que resulta de esto es lo que denominamos comúnmente "buena suerte". La buena suerte no es otra cosa que la unión del estado de preparación con la oportunidad. Cuando los dos se mezclan con una vigilancia atenta del caos, surge una solución que trae beneficio y evolución para nosotros y para todos los que nos rodean. Ésta es la receta perfecta para el éxito, y se basa en la *ley del desapego*.

# Cómo aplicar la ley del DESAPEGO

Pondré a funcionar la *ley del desapego* comprometiéndome a hacer lo siguiente:

1) Hoy me comprometeré con el desapego. Me permitiré y les permitiré a los que me rodean la libertad de ser como somos. No impondré tercamente mi opinión de cómo deben ser las cosas. No forzaré las soluciones de los problemas, y, por tanto, no crearé con eso otros nuevos. Participaré en todo con absoluto desprendimiento.

2) Hoy convertiré a la incertidumbre en un elemento esencial de mi experiencia. Y gracias a esa disponibilidad para aceptar la incertidumbre, las soluciones surgirán espontánea-

mente de los problemas, de la confusión, del desorden y del caos. Cuanto más inciertas parezcan las cosas, más seguro me sentiré porque la incertidumbre es el camino hacia la libertad. Por medio de la sabiduría de la incertidumbre, encontraré mi seguridad.

3) Penetraré en el campo de todas las posibilidades y esperaré la emoción que tiene lugar cuando me mantengo abierto a una infinidad de alternativas. Cuando entre en el campo de todas las posibilidades, experimentaré todo el regocijo, la aventura, la magia y el misterio de la vida.

# 7

# LA LEY DEL "DHARMA" O PROPÓSITO EN LA VIDA

*Todo el mundo tiene un propósito en la vida…*
*un don único o talento especial para*
*ofrecer a los demás.*

*Y cuando combinamos ese talento único con el*
*servicio a los demás, experimentamos el éxtasis*
*y el júbilo de nuestro propio espíritu,*
*que es la meta última de todas las metas.*

*Cuando trabajas, eres como una flauta a través
de cuyo corazón el susurro de las horas se convierte en
música… ¿Y qué es trabajar con amor? Es tejer una
tela con hilos sacados de tu corazón, como si tu amado
fuese a vestirse con esa tela…*

— KHALIL GIBRAN, *El profeta*

La séptima ley espiritual del éxito es la *ley del dharma*. "Dharma" es un vocablo sánscrito que significa "propósito en la vida". Esta ley dice que nos hemos manifestado en forma física para cumplir un propósito. El campo de la potencialidad pura es la divinidad en su esencia, y la divinidad adopta la forma humana para cumplir un propósito.

De acuerdo con esta ley, cada uno de nosotros tiene un talento único y una manera única de expresarlo. Hay una cosa que cada individuo puede hacer mejor que cualquier otro en todo el mundo — y por cada talento único y por cada expresión única de dicho talento, también existen unas necesidades únicas. Cuando estas necesidades se unen con la expresión creativa de nuestro talento, se produce la chispa que crea la abundancia. El expresar nuestros talentos para satisfacer necesidades, crea riqueza y abundancia sin límites.

Si pudiéramos enseñarles a los niños desde el principio esta manera de pensar, veríamos el efecto que esto tendría en su vida. En realidad, yo lo hice con mis hijos. Les dije una y otra vez que había una razón para que ellos estuvieran aquí, y que ellos debían descubrir esa razón por sí mismos. Eso fue algo que oyeron desde los cuatro años. También les enseñé a meditar cuando tenían aproximadamente esa edad, y les dije: "No quiero que se preocupen, nunca, por ganarse la vida. Si cuando sean mayores no pueden ganarse la vida, yo les daré lo necesario, de manera que no se preocupen por eso. No quiero que se concentren en ser los mejores de la escuela, en obtener las mejores notas o en ir a la mejor universidad. En lo que realmente quiero que se concentren es en preguntarse a sí mismos cómo pueden servir a la humanidad y cuáles son sus talentos únicos. Porque cada uno de ustedes tiene un talento único que nadie más tiene, y una manera especial de expresarlo, que tampoco tiene nadie más". Mis hijos acabaron estudiando en las mejores escuelas, obteniendo las mejores notas e incluso en la universidad son los únicos que son económicamente autosuficientes, porque ellos tienen su atención puesta en el propósito por el cual están aquí. Ésta, entonces, es la *ley del dharma*.

❦ ❦ ❦

La *ley del dharma* tiene tres componentes. El primero dice que cada uno de nosotros está aquí para descubrir su verdadero yo, para descubrir por su cuenta que el verdadero yo es espiritual y que somos en esencia seres espirituales que han adoptado una forma física para manifestarse. No somos seres humanos que tienen experiencias espirituales ocasionales, sino todo lo contrario: somos seres espirituales que tienen experiencias humanas ocasionales.

Cada uno de nosotros está aquí para descubrir su yo superior o su yo espiritual. Ésa es la primera forma de cumplir la *ley del dharma*. Debemos descubrir por nuestra cuenta que dentro de nosotros hay un dios en embrión que desea nacer para que podamos expresar nuestra divinidad.

El segundo componente de la *ley del dharma* es la expresión de nuestro talento único. La *ley del dharma* dice que todo ser humano tiene un talento único. Cada uno de nosotros tiene un talento tan único en su expresión que no existe otro ser sobre el planeta que tenga ese talento o que lo exprese de esa manera. Eso quiere decir que hay una cosa que podemos hacer, y una manera de hacerlo, que es mejor que la de cualquier otra persona en este planeta. Cuando estamos desarrollando esa actividad, perdemos la noción del tiempo. La expresión de ese talento único — o más de uno, en muchos casos — nos introduce en un estado de consciencia atemporal.

El tercer componente de la *ley del dharma* es el servicio a la humanidad — servir a los demás seres humanos y preguntarse: "¿Cómo puedo ayudar? ¿Cómo puedo ayudar a todas las personas con quienes tengo contacto?" Cuando combinamos la capacidad de expresar nuestro talento único con el servicio a la humanidad, usamos plenamente la *ley del dharma*. Y cuando unimos esto al conocimiento de nuestra propia espiritualidad, el campo de la potencialidad pura, es imposible que no tengamos acceso a la abundancia ilimitada, porque ésa es la verdadera manera de lograr la abundancia.

Y no se trata de una abundancia transitoria; ésta es permanente en virtud de nuestro talento único, de nuestra manera de expresarlo y de nuestro servicio y dedicación a los demás seres humanos, que descubrimos preguntando: "¿Cómo puedo ayudar?", en lugar de: "¿Qué gano yo con eso?"

La pregunta "¿Qué gano yo con eso?" es el diálogo interno del ego. La pregunta "¿Cómo puedo ayudar?" es el diálogo interno del espíritu. El espíritu es ese campo de la consciencia en donde experimentamos nuestra universalidad. Con sólo cambiar el diálogo interno y no preguntar "¿Qué gano yo con eso?" sino "¿Cómo puedo ayudar?", automáticamente vamos más allá del ego para entrar en el campo del espíritu. Y aunque la meditación es la manera más fácil de entrar en el campo del espíritu, el simple hecho de cambiar nuestro diálogo interno de esta manera también nos brinda acceso al espíritu, ese campo de la consciencia donde experimentamos nuestra universalidad.

Si deseamos utilizar al máximo la *ley del dharma*, es necesario que nos comprometamos a hacer varias cosas:

Primer compromiso: Por medio de la práctica espiritual buscaremos nuestro yo superior, el cual está más allá de nuestro ego.

Segundo compromiso: Descubriremos nuestros talentos únicos, y después de descubrirlos disfrutaremos de la vida, porque el proceso del gozo tiene lugar cuando entramos en la consciencia atemporal. En ese momento, estaremos en un estado de dicha absoluta.

Tercer compromiso: Nos preguntaremos cuál es la mejor manera en que podemos servir a la humanidad. Responderemos esa pregunta, y luego pondremos la respuesta en práctica. Utilizaremos nuestros talentos únicos para atender a las necesidades de nuestros congéneres los seres humanos; combinaremos esas necesidades con nuestro deseo de ayudar y servir a los demás.

Hagamos una lista de nuestras respuestas a estas dos preguntas: ¿Qué haría yo si no tuviera que preocuparme por el dinero y si a la vez dispusiera de todo el tiempo y el dinero del mundo? Si de todas maneras quisiéramos seguir haciendo lo que hacemos ahora, es porque estamos en dharma, porque sentimos pasión por lo que hacemos, porque estamos expresando nuestros talentos únicos. La segunda pregunta es: "¿Cuál es la mejor manera en que puedo servir a la humanidad?" Respondamos esa pregunta y pongamos la respuesta en práctica.

Descubramos nuestra divinidad, encontremos nuestro talento único y sirvamos a la humanidad con él; de esa manera podremos generar toda la riqueza que deseamos. Cuando nuestras expresiones creativas concuerden con las necesidades del prójimo, la riqueza pasará espontáneamente de lo inmanifiesto a lo manifiesto, del reino del espíritu al mundo de la forma. Comenzaremos a experimentar la vida como una expresión milagrosa de la divinidad — no ocasionalmente, sino a toda hora. Y conoceremos la alegría verdadera y el significado real del éxito — el éxtasis y el júbilo de nuestro propio espíritu.

# Cómo aplicar la ley del "dharma" o propósito en la vida

Pondré a funcionar la *ley del dharma* comprometiéndome a hacer lo siguiente:

1) Hoy cultivaré con amor al dios en embrión que reside en el fondo de mi alma. Prestaré atención al espíritu interior que anima tanto a mi cuerpo como a mi mente. Despertaré a esa quietud profunda del interior de mi corazón. Mantendré la consciencia del ser atemporal y eterno, en medio de la experiencia limitada por el tiempo.

2) Haré una lista de mis talentos únicos. Después haré una lista de las cosas que me encanta hacer cuando estoy expresando mis talentos únicos. Cuando expreso mis talen-

tos únicos y los utilizo en servicio de la humanidad, pierdo la noción del tiempo y produzco abundancia tanto en mi vida como en la vida de los demás.

3)  Todos los días me preguntaré: "¿Cómo puedo servir?" y "¿Cómo puedo ayudar?" Las respuestas a estas preguntas me permitirán ayudar y servir con amor a los demás seres humanos.

# Resumen y conclusión

*Quisiera conocer los pensamientos de Dios... lo demás son detalles.*

— ALBERT EINSTEIN

La mente universal es la coreógrafa de todo lo que sucede en miles de millones de galaxias y hace su trabajo con una precisión exquisita y con una inteligencia inquebrantable. Su inteligencia es máxima y suprema e impregna cada fibra de la existencia: desde la más pequeña hasta la más grande, desde el átomo hasta el cosmos. Todo lo que vive es expresión de esta inteligencia. Y esta inteligencia actúa a través de las *siete leyes espirituales*.

Si miramos cualquiera de las células del cuerpo humano, a través de su funcionamiento veremos la expresión de estas leyes. Cada célula, sea del estómago, del corazón o del cerebro, se origina en la *ley de la potencialidad pura*. El ADN es el ejemplo perfecto de la potencialidad pura; en realidad, es la expresión material de ella. El mismo ADN que hay en todas las células del cuerpo, se expresa de diferentes maneras para cumplir los requisitos particulares de cada una.

Cada célula opera además a través de la *ley del dar*. Una célula vive y permanece sana cuando está en estado de equilibrio. Este estado es de realización y armonía, pero se mantiene a través de un constante dar y recibir. Cada célula da y apoya a las demás, y a cambio recibe alimento de ellas. La célula permanece en estado de flujo dinámico, el cual jamás se interrumpe. En realidad, el flujo es la esencia misma de la vida de la célula. Y solamente manteniendo este flujo de dar puede la célula recibir y, por tanto, continuar con su existencia vibrante.

Las células ejecutan con suma perfección la

*ley del karma*, porque incorporada en su inteligencia está la respuesta más apropiada, precisa y oportuna para cada situación que se presenta.

Las células también ejecutan con suma perfección la *ley del menor esfuerzo:* cumplen su trabajo con tranquila eficiencia, en un estado de sosegada vigilancia.

Por medio de la *ley de la intención y el deseo*, cada intención de cada célula utiliza el infinito poder organizador de la inteligencia de la naturaleza. Hasta una intención simple como la de metabolizar una molécula de azúcar desencadena inmediatamente una sinfonía de sucesos en el cuerpo para secretar las cantidades exactas de hormonas en el momento preciso, a fin de convertir la molécula de azúcar en pura energía creativa.

Desde luego, cada célula expresa la *ley del desapego*. No se aferra al resultado de sus intenciones. No duda ni tropieza porque su comportamiento es función de una consciencia centrada en la vida y en el momento presente.

Cada célula también expresa la *ley del dharma.*

Debe descubrir su propia fuente, el yo superior; debe servir a sus congéneres y expresar su talento único. Las células del corazón, del estómago, del sistema inmune, todas se originan en el yo superior, el campo de la potencialidad pura. Y como están directamente enlazadas con ese computador cósmico, pueden expresar sus talentos únicos con toda facilidad y consciencia atemporal. Sólo expresando sus talentos únicos pueden mantener tanto su propia integridad como la de todo el cuerpo. El diálogo interno de cada una de las células del cuerpo humano es: "¿Cómo puedo ayudar?" Las células del corazón desean ayudar a las células del sistema inmune, y éstas desean ayudar a las del estómago y a las de los pulmones, y las células del cerebro se dedican a escuchar y ayudar a todas las demás. Cada una de las células del cuerpo humano tiene solamente una función: ayudar a todas las demás.

Observando el comportamiento de las células de nuestro cuerpo, podemos ver la expresión más extraordinaria y eficiente de las *siete leyes espiri-*

*tuales*. Ésa es la genialidad de la inteligencia de la naturaleza. Son los pensamientos de Dios; lo demás son sólo detalles.

❧ ❧ ❧

Las *siete leyes espirituales del éxito* son principios poderosos que nos ayudarán a alcanzar el dominio de nosotros mismos. Si prestamos atención a estas leyes y ponemos en práctica los ejercicios propuestos en este libro, veremos que podremos hacer realidad cualquier cosa que deseemos — toda la abundancia, todo el dinero y todo el éxito que deseemos. También veremos que nuestra vida se volverá más alegre y próspera en todo sentido, porque estas leyes también son las leyes espirituales de la vida, aquéllas que hacen que vivir valga la pena.

Existe una secuencia natural para aplicar estas leyes en la vida diaria, la cual puede ayudarnos a recordarlas. La *ley de la potencialidad pura* se experimenta por medio del silencio, de la meditación, del hábito de no juzgar, de la comunión con la naturaleza, pero es activada por la *ley del dar*. El principio consiste en aprender a dar lo que se busca. Así es como uno activa la *ley de la potencialidad pura*. Si buscamos abundancia, demos abundancia; si buscamos dinero, demos dinero; si buscamos amor, aprecio y afecto, aprendamos a dar amor, aprecio y afecto.

Por medio de nuestros actos en la *ley del dar*, activamos la *ley del karma*. Si creamos un buen karma, éste nos facilitará todo en la vida. Notaremos que no necesitamos mayor esfuerzo para satisfacer nuestros deseos, lo cual nos lleva automáticamente a comprender la *ley del menor esfuerzo*. Cuando todo ocurra con facilidad y sin esfuerzo, y todos nuestros deseos se cumplan sin cesar, espontáneamente comenzaremos a comprender la *ley de la intención* y *el deseo*. Cuando nuestros deseos se cumplan sin esfuerzo, nos será fácil practicar la *ley del desapego*.

Por último, cuando comencemos a comprender todas estas leyes, comenzaremos a concentrarnos en nuestro verdadero propósito en la vida, lo cual lleva a la *ley del dharma*. A través del uso de esta ley, expresando nuestros talentos únicos y satisfaciendo las necesidades de los otros seres humanos, empezaremos a crear lo que deseemos, cuando lo deseemos. Nos volveremos despreocupados y alegres, y nuestra vida se convertirá en la expresión de un amor sin límites.

❧

Somos los viajeros de una travesía cósmica — polvo de estrellas danzando y girando en las corrientes y los torbellinos del infinito. La vida es eterna, pero las expresiones de la vida son efímeras, momentáneas, transitorias. Siddharta Gautama, el Buda, fundador del budismo, dijo una vez:

*Esta existencia nuestra es tan transitoria*
*como las nubes del otoño.*
*Observar el nacimiento y la muerte de los seres*
*es como mirar los movimientos de una danza.*
*Una vida es como un relámpago en el cielo,*
*que se desliza veloz como un torrente*
*por la pendiente de una montaña.*

Nos hemos detenido momentáneamente para encontrarnos unos a otros, para conocernos, amarnos y compartir. Éste es un momento precioso, pero transitorio. Es un pequeño paréntesis en la eternidad. Si compartimos con cariño, alegría y amor, crearemos abundancia y alegría para todos. Y entonces este momento habrá valido la pena.

❧ ❧ ❧

# AGRADECIMIENTOS

Deseo expresarles mi amor y mi gratitud a las siguientes personas:

Janet Mills por cultivar con amor este libro desde su concepción hasta su terminación.

Rita Chopra, Mallika Chopra y Gautama Chopra por ser las expresiones vivientes de las siete leyes espirituales.

Ray Chambers, Gayle Rose, Adrianna Nienow, David Simon, George Harrison, Olivia Harrison y Naomi Judd por su valentía y su compromiso con una visión imponente, inspiradora, noble, elevada y transformadora.

Roger Gabriel, Brent Becvar, Rose Bueno-Murphy y todo mi personal del Centro Sharp para la Medicina de la Mente y el Cuerpo, por inspirar con su ejemplo a todos nuestros huéspedes y pacientes.

Deepak Singh, Geeta Singh, y todo mi personal de Quantum Publications, por su vitalidad y su dedicación incesantes.

Muriel Nellis, por su firme intención de man tener el más elevado nivel de integridad en todas nuestras empresas.

Richard Perl por ser un ejemplo maravilloso de la auto-referencia.

Linda Ford, por su fe inconmovible en el autoconocimiento, su compromiso y su contagioso entusiasmo por transformar la vida de muchas personas.

Y Bill Elkus, por su comprensión y su amistad.

**THE GLOBAL NETWORK FOR SPIRITUAL SUCCESS**
P. O. Box 2611
La Jolla, California 92038
Estados Unidos
Tel: 619-551-7111/Fax: 619-551-1363
spiritlaws@aol.com

Estimado amigo/a:

En *Las siete leyes espirituales del éxito* he descrito las virtudes y los principios que me han ayudado a mí, y a muchas otras personas, a alcanzar la satisfacción espiritual y el éxito material. Esta carta es una invitación para que usted se una —conmigo y potencialmente con millones de personas a lo largo del mundo— a la Asociación Mundial para el Éxito Espiritual, **Global Network for Spiritual Success,** que se basará en la práctica diaria de estos poderosos principios rectores.

La participación en la Asociación está abierta a todas las personas que decidan practicar las *siete leyes espirituales*. He descubierto que resulta particularmente enriquecedor el hábito de concentrarse en una ley cada día de la semana, co menzando el domingo con la *ley de la potencialidad pura*, y terminando el sábado con la *ley del dharma*. Concentrar su atención en una ley espiritual transformará completamente su vida, como ha transformado la mía, y si todos nos concentramos en la misma ley cada día, pronto podremos formar un enorme grupo de gente que haya alcanzado el éxito y que pueda transformar la vida en este planeta.

Algunos grupos de amigos, en diferentes partes del mundo, han comenzado ya a concentrarse en una ley cada día. Yo he hecho lo mismo con mis colaboradores y amigos, y le sugiero que también usted comience con un grupo de estudio — integrado por miembros de su familia, o amigos o compañeros de trabajo — que se reúna una vez por semana para discutir las experiencias de cada uno con las leyes espirituales. Si esas experiencias son extraordinarias, como lo serán en algunas ocasiones, lo invito a que me escriba contándomelas.

Para unirse al **Global Network for Spiritual Success** todo lo que usted necesita hacer es enviarme su nombre, su dirección y, si quiere, su número telefónico y/o su dirección de correo electrónico, a la dirección mencionada al comienzo, y yo le enviaré una tarjeta — que usted podrá conservar en su billetera — con las siete leyes impresas, y lo mantendré informado sobre las actividades de la Asociación.

El establecimiento de esta Asociación representa la realización de uno de mis sueños más queridos. Uniéndose al Global Network y practicando las *siete leyes espirituales*, yo sé que usted logrará el éxito espiritual y la satisfacción de sus deseos. Me es imposible desearle una bendición mayor.

Con amor y mis mejores deseos,

Deepak Chopra

# Sobre el autor

Deepak Chopra es un líder de talla mundial en el campo de la medicina de la mente y el cuerpo y del potencial humano. Ha escrito once libros, varios de los cuales han sido éxitos de librería, entre ellos, *Ageless Body, Timeless Mind*; *Quantum Healing*; y *Creating Affluence*. También ha producido un sinnúmero de programas de audio y vídeo para promover la salud y el bienestar. Sus libros se han traducido a más de veinticinco idiomas, y ha dado conferencias en América del Norte, América del Sur, la India, Europa, el Japón y Australia. Actualmente es director ejecutivo del Instituto de Medicina de la Mente y el Cuerpo y del Potencial Humano, en Sharp HealthCare, San Diego, California.